赢在 最强大脑
助你做个 小神探

崔钟雷 编著

知识出版社

前言

"池塘边的榕树上，知了在声声叫着夏天。操场边的秋千上，只有蝴蝶停在上面。黑板上老师的粉笔还在拼命叽叽喳喳写个不停，等待着下课，等待着放学，等待游戏的童年……"

童年，是人一生中最富诗意、最为神秘的一段时光。在那段天真烂漫的时光里，我们对这个美妙的世界充满着无限的好奇与遐想。正如巴尔扎克所说："童年原是一生最美妙的阶段，那时的孩子是一朵花，也是一颗果子，是一片朦朦胧胧的聪明，一种永远不息的活动，一股强烈的欲望。"

本套丛书旨在培养儿童的思维创造性，训练思维的扩散性，培养思维的创新性，拓展思维的多样性，造就思维敏捷的天才少年。

本套丛书包括两个系列："脑筋急转弯"和"一分钟巧破案"，脑筋急转弯是一种趣味智力游戏，起源于古代印度，其简洁短小的问题暗藏玄机，出人意料的答案妙趣横生。在"脑筋急转弯"系列中，编者精心编选了最有创意的脑筋急转弯问题，让大脑突破原有的思维模式，大胆想象，放飞心灵的翅膀，在广阔无边的思维天空中自由翱翔。在"一分钟巧破案"系列中，编者精心构思了扑朔迷离的案情，五彩缤纷的场景，引导、激励孩子去探索和发现，找出其中的逻辑破绽。本书编者想借"游戏"之舟，进行一次诗意的智力之旅。当然，这里的"诗意"并非"诗词歌赋""琴棋书画"的高雅，而是一种儿童与生俱来的智慧，一种天性的诗意。《赢在最强大脑》为孩子灵性的伸展搭建了一个并不陡峭的高度，拨响了儿童内心诗的琴弦，给孩子更为温馨的诗意浸润。

泰戈尔说："一切教育都是从我们对儿童天性的理解开始的。"儿童是本能的缪斯，立足游戏，用童心的标尺"丈量"生活，以"诗意"的角度发掘生活，打造孩子的诗意童年，孩子灵性的激发便会多一份童心的灿烂，我们的教育教学也会多一份期待已久的诗意飞扬。

赢在最强大脑

四份不同的证词

某天夜里，在侦探家附近的公寓里发生了一起枪击事件。住在该公寓的 4 个人同时被枪声惊醒，他们分别作了如下回答：

"我听到枪声时是12 点 08 分。"

"我是 11 点 40 分。"

"我记得是 12点 15 分。"

"我感觉是 11点 53 分。"

四个人说的时间都不一样，因为

他们的手表都不准。一个慢 25 分钟，一个快 10 分钟，还有一个快 3 分钟，最后一个慢 12 分钟。

那么，准确的案发时间到底是几点几分呢？

真相大白

时间是 12 点 05 分。计算方法很简单，从最快的手表（12 点 15 分）中减去最快的时间（10 分钟）就行了。

不翼而飞的戒指

纽约的某大厦里正在举行拍卖会。今天拍卖的商品只有一个，是一个宝石戒指，价值不菲，据说曾是一位国王送给自己王妃的生日礼物。这枚戒指收藏意义重大，所以今天来拍卖会的人很多。有的人觉得自己对这枚宝石戒指是势在必得；有的人则认为，即使自己买不起，也要亲眼目睹一下

3

这枚一直听说却从未见过的宝石戒指。

整个拍卖会进行得很激烈。最后，这枚带有传奇色彩的宝石戒指被一个名叫艾琳娜的富商千金拍了下来。羡慕和嫉妒的人有很多，遗憾的人也不在少数，而得意的人却只有一个，那就是艾琳娜。

晚上，得到至宝的艾琳娜在回到家后，并没有立刻把宝石戒指放到保险柜里，而是将它放到了梳妆台上。她还把自己的其他首饰摘下来，和宝石戒指放在一起。她想先去洗个澡，然后再好好欣赏一下这得之不易的宝贝。

可当艾琳娜从浴室里出来的时候，却发现宝石戒指不见了。开始她以为是自己放错地方了，可是她又从头想了一遍，最后确定自己是在进门后把宝石戒指放在了梳妆台上，然后就去洗澡了，之后并没有再动它。艾琳娜是独居，没有其他人有自己家的钥匙。她确定是有人偷走了自己的宝石戒指。于是，艾琳娜立刻报了警。

15分钟后，杰米警官带着属下来到了艾琳娜的公寓。艾琳娜自己住在一个富人区，无论环境还是治安都非常好，可以说小偷作案并不容易，那就说明很可能是熟悉环境的人干的。

"艾琳娜小姐，给我们讲一讲事情的经过吧！"杰米对艾琳娜说道。

于是，艾琳娜把事情的经过对杰米警官讲述了一遍，她边想边讲，唯恐遗漏了某些细节。

听艾琳娜讲完，杰米警官又在艾琳娜的家里四处看了看。门没有被撬过的痕迹，虽然窗户是开着的，但是艾琳娜的家在十七楼，即使开着窗户，小偷也不可能从窗户进来。这时，杰米警官发现梳妆台上有根火柴大小的小木棍。

"艾琳娜小姐，这根小木棍你见过吗？"

"哦？我从没见过这个东西。你在哪里发现它的？"

"就在你的梳妆台上。"

"这不可能，我的梳妆台上除了化妆品和首饰以外，是不允许有其他东西存在的，更何况是这种垃圾类的木棍。"

杰米警官觉得这根小木棍有点奇怪："为什么会突然出现在艾琳娜的梳妆台上呢？"他又仔细看了看这根小木棍，发现上面有一些咬痕，突然，杰米脑中豁然开朗。

"艾琳娜小姐，这栋楼里有谁在养鸟吗？"

"哦，还真有几个，但是不多，我的隔壁邻居汤姆先生养了一只猫头鹰，八楼的一个贵妇养了一只黄莺，还有就是楼上的海琳小姐，她养了一只鸽

智慧百宝箱

绝大多数猫头鹰是夜行性动物，昼伏夜出，白天隐匿于树丛岩穴或屋檐中不易见到，这些夜间活动的种类，若偶尔白天出行时常常飞行颠簸不定。

子。其他的好像就没有了，怎么了？" 艾琳娜虽然对杰米警官的问题不解，但还是一一回答了他。

"我知道你的宝石戒指在哪里了。我们现在一起去要回来吧，艾琳娜小姐。"

艾琳娜显然有些不敢相信，同时，还有点迷惑。

杰米警官和艾琳娜一行人来到了隔壁汤姆先生的家门口。

"汤姆先生，打扰了！请问您是否有一只猫头鹰？"杰米警官一见到汤姆就问道。

汤姆先生有点迷惑："警官找到他怎么先问他的鸟呢？"他点了点头，承认自己养了一只猫头鹰。

杰米警官说："请把艾琳娜小姐的宝石戒指交出来吧！"

本来还想狡辩的汤姆，听到杰米给出的理由后，就什么也说不出来了，最后只

得承认是自己偷了宝石戒指。

　　杰米警官是怎么确定汤姆偷了艾琳娜的戒指的呢？汤姆又是用什么方法偷的呢？

真相大白

　　小木棍上的咬痕是鸟嘴的形状，另外，在艾琳娜提供的几个养鸟人中，只有汤姆养的猫头鹰是夜间行动的动物。

寻找遗产

阿东的父亲是个很能干的老工程师，而且还是一名业余考古学家。他非常疼爱自己的独生子，经常给儿子出一些疑难古怪的问题让儿子猜。

老工程师在临终之前，又给儿子出了一道难题。

老工程师把儿子阿东叫到床前，拿着一把钥匙，钥匙链上还拴着一个直径为 2.5 厘米左右、中间有个方孔的古币，他对儿子说：

"爸爸要去追随你的妈妈了，今后再也没机会给你出

难题了。这是我给你出的最后一道难题。我留给你的一大笔财产全靠这把钥匙，你要拿着这把钥匙才能找到。" 说着便把钥匙给了阿东，之后就去世了。

阿东料理完父亲的后事后，拿着这把钥匙把家里翻了个遍，但并没有找到父亲所说的一大笔财产。他以为父亲在临终前与他开了个玩笑，便赌气地把这把钥匙扔到床上，坐在那儿发愣。突然，他好像明白了什么，立刻跑进父亲的书房去查百科词典。

最后，他终于找到了父亲留给他的一大笔财产，你知道他是从哪儿找到的吗？

真相大白

拴在钥匙链上的古币就是父亲留给他的一大笔财产。通过查百科词典，他发现这是一枚珍贵稀有的古币。

红色的小·皮箱

史莱德是一名律师，在一所私人律师行工作。史莱德对待工作兢兢业业，但和妻子海琳的感情比较平淡。不过最近海琳的某些改变，让史莱德觉得妻子比以前爱他了，所以最近史莱德的心情不错。

今天早上，史莱德和往常一样来到律师行上班。刚到办公室，还没等他把包放下，电话铃就响

了。史莱德心里想："难道这么早就有案子了？他边想边接起了电话。"

"喂，您好！我是史莱德律师。请问你是……"

"史莱德……史莱德，亲爱的……救救我，有人想杀我……"史莱德话还没说完，就听到电话那头传来妻子的哭喊声。电话另一头有人将妻子的电话夺了去。

"你的妻子海琳现在在我手上，按我说的做，马上准备500万，放在一个箱子里，半小时以后，我会派人去你办公室取。如果你要花招，或者半小时之后我见不到钱，就来给你的妻子收尸吧！"

说完，就听"啪"的一声，电话被挂断了。史莱德被这突如其来的事故吓懵了，但是很快他又清醒过来。

"我需要马上准备钱，不能让我的海琳出事。"

史莱德看了一眼刚才的来电显示，发现是家里的电话号码。于是，他赶紧报了警，告诉警察他的妻子被人绑架了，诈骗犯现在就在他的家里，他现在正在准备钱，希望警察能马上赶到他的家，并不忘把家里的住址告诉警察。

报完警之后，史莱德赶紧在律师行附近的一个商品店里买了一个红色的手提箱，并在附近的银行里取了 500 万，装进了红色手提箱里。随后，他迅速赶往办公室，把手提箱放到桌子下面，然后飞速开车往家赶去。此时在他心里，海琳的安危是最重要的。

当紧张得满头大汗的史莱德冲进自己家的时候，妻子正安然无恙地坐在沙发上，几个警察也在家里四处寻找着线索，还有一个警官正在向妻子海琳了解情况。见史莱德回来，海琳立刻扑倒他怀里，委屈地哭个不停。史莱德觉得海琳一定是吓坏了，所以不停地安慰着她，并把她扶到沙发前坐下。史莱德知道妻子现在说不出什么，于是问警官：

"您好，警官，是我报的警，我想知道发生了什么事。"

"哦，我们也不是很清楚。接到你的报警电话后，我们就赶到了你家。可是我们看到只有你妻子一个人在家，并且她一直在哭，好像吓坏了。她说有个蒙面人，戴着墨镜，冲进了家里，威胁她给你打电话。打完电话后，大概等了10分钟，那个人就去你的办公室取那只红色手提箱了。你的太太只告诉了我们这么多。"

"哦，警官，请你一定要帮助我们把那个罪犯找到，谢谢你了！"史莱德向来说话很有礼貌，

智慧百宝箱

中华人民共和国刑法第266条关于诈骗罪的规定简述如下：诈骗罪是指以非法占有为目的，用虚构事实或者隐瞒真相的方法，骗取数额较大的公私财物的行为。诈骗罪侵犯的对象，仅限于国家、集体或个人的财物，而不是骗取其他非法利益。另外，也排除金融机构的贷款。

也很周到。

　　警察检查了一番后，并没有什么收获，于是就先走了，说等有了线索后会及时通知史莱德先生。

　　晚上，史莱德亲自下厨做了几个拿手菜来安慰受到惊吓的妻子。这时，警察局打来电话，史莱德接起电话：

　　"喂，你好，史莱德先生，我是今天去你家调查的警官，下面我说的话，请你保密，也不要问什么问题。今天晚上不要让你的妻子出门，10分钟之后我会到你们家，到时我会给你答案。你只需知道，你的妻子和那个诈骗犯是一伙的。只要你的妻子不逃走，就能找到那笔钱。"

　　史莱德一时有点想不明白，警官怎么确定海琳和诈骗犯是一伙的呢？10分钟之后，警官带着几个人按响了史莱德家的门铃，开门的是海琳。

　　"海琳小姐，那个诈骗犯和你是一伙的，我们差点被你的眼泪欺骗了，请把从史莱德先生那里骗来的500万拿出来吧！"警官以命令的口吻说道。

被识破的海琳最终不得不承认自己的阴谋，说出了一切。

警官是怎样识破海琳的呢？

真相大白

史莱德用红色手提箱装钱的事并没有告诉任何人，海琳和警官都不知道。而海琳却告诉警官说诈骗犯去史莱德办公室取红色手提箱了，显然他们是一伙的。

运动员被害案

一个国家级长跑运动员一天早晨死在了跑道上，是被人从背后用尖锐的利器刺死的。尸体是由青年刑警和与他一起散步的医生发现的。医生摸了摸尸体说："尸体还有体温，看来被害时间不长。"

"运动员是21分36秒前被杀的。"青年刑警说。医生非常吃惊："你并没有目击到案发现场，怎么会

知道得这么准确呢?"

你知道，为什么青年刑警能做出这样精确的推测吗?

真相大白

运动员身上带着秒表，他死时突然摔倒，碰巧触动了按钮，秒表就开始计时，刑警发现秒表时，指针正指在 21 分 36 秒上。

空中的求救信号

　　这天，瑞德早早地来到港口，开始了他一天的飞行生活。瑞德住在海边小岛上，这里气候宜人，是个旅游胜地。瑞德靠在港口开游览飞机为生。每天都能拉到一些客人，这也让他的生活过得还算有滋有味。瑞德擦拭着机身和飞机内的座椅，除了安稳的飞行技术，干净整洁的乘坐环境也是他招揽客人的重

要手段。

准备工作都做好了，瑞德坐在驾驶位上听着音乐，等待客人的到来。正当他陶醉于美妙的音乐时，有人敲了敲他侧面的飞机窗户。客人来了，瑞德赶忙摘下耳机，打开飞机门，把游客请进了飞机舱内。瑞德坐回自己的驾驶位，高兴地问游客想去哪部分海域观光。

游客一直没有出声，瑞德不解地回头看他，就在这时，他的额头被一把手枪顶住了，而那位游客

智慧百宝箱

世界上第一架飞机是由谁制造的？

20世纪初，美国的莱特兄弟制造出了第一架依靠自身动力进行载人飞行的飞机"飞行者1号，并且获得试飞成功。他们因此于1909年获得美国国会荣誉奖。

正面露凶光地看着他说："向西南方向飞，在哪里停我会告诉你。"瑞德似乎还没有回过神来，只是呆呆地点点头。这时，只听"砰"的一声巨响，那位持枪的游客把发报机打坏了。

瑞德知道，他遇上了一个穷凶极恶的歹徒，如果一不小心，极有可能会丢掉性命。所以，他小心翼翼地按照歹徒所说的去做。

飞机向西南方向飞行了将近20分钟后，歹徒让瑞德停了下来。让从背包里拿出望远镜，向下方看去。然后他对瑞德说："让飞机飞高些，盘旋，等到下面有潜水艇露出水面时，再下降到海面。"瑞德点头照做。

瑞德镇定地把飞机升高，在空中盘旋着。不过瑞德的心里已经想了好多事情，他在想如何能摆脱眼前的困境。因为照此时的情景来看，一旦歹徒等到他的同伙，自己的命就会保不住。发报机已经坏了，怎样才能获得救援呢？如果有渔船或者飞机经过这里就好了，那样他就可以投下烟筒，发出求救信号。但是天不遂人愿，此时连个船影都没有，瑞德只能想其他办法。

突然，瑞德好像想到了什么，他保持着紧张的神情，但是心里却激动不已。他改变飞机的盘旋方式，转变以三角形的路线飞行。瑞德偷偷看了看那名歹徒，他只顾朝下面看，好像没有发现飞机已经改变了盘旋方式。

盘旋了一阵后，海面突然翻滚出巨大的白色水花，紧接着一艘没有国籍标志的潜水艇浮出了水面，放出一艘皮筏艇。

"快，现在马上下去！"歹徒看到潜水艇后，十分激动地说。

瑞德慢慢下降，就在快要接近水面的时候，飞机头一挑，又飞了上去。

歹徒立即拿枪指着瑞德的头，凶恶地说道："你在干什么？赶快给我降下去，听见没有？"

瑞德答道："你以为这是什么飞机，不掌握好风和浪的方向就着水，飞机会被掀翻的，到时我们都会没命。如果想活命，就麻烦你少说两句。"

歹徒一时间无言以对，只能拿枪指着瑞德："哼，别想要什么花招，不然我的枪可不长眼。"

瑞德继续平稳地操纵着飞机，做大幅度的旋盘。飞了一阵之后，瑞德看向远处，眼中露出了光彩。他开始下降，这回飞机平稳地降落到了水面上，但是离潜水艇却有100米远。

"怎么离潜艇这么远，把飞机开过去。"歹徒再一次命令道。

瑞德放开手中的操纵杆，悠闲地说："这是飞机，不是船，不是想开就能开过去的。"

歹徒非常愤怒："好，既然开不过去，那我就先送你去见上帝，然后我再游过去。"说着，歹徒扣住手枪的扳机。

瑞德没有被吓到，他用手向上指了指说："你听听上面的声音，我觉得你还是老实投降为好。"

此时，在瑞德的飞机上面，已经盘旋了两架救援机，而刚才浮出水面的潜水艇，此时也已经没了踪影。歹徒一下子呆住了："怎么会突然来这么多的救援飞机？"

瑞德得意地说："你的朋友已经走了，而上面的飞机则是接到我的求救信号来救我的，你投降吧！"歹徒听后，颓废地跪倒在地上。

你知道瑞德是怎样发出的求救信号吗？

真相大白

瑞德让飞机按照三角形路线盘旋，这是航空求救信号。基地通过雷达就能发现，然后赶来救援。

007 的失败

"即刻从敌方 9 号间谍手中，夺取其最机密的缩影底片。"

007 接到总部的命令后，就利用 9 号间谍外出

的晚上，趁机潜入其住处。他把保险柜找了个遍，但始终没有找到该缩影底片。

不得已他只好作罢，正当他要离开时，却在门口遇上了刚从外面回来的 9 号，007 迅速拔出消声手枪射击。子弹穿过对方左胸， 9 号当即毙命。

007 立刻搜查了 9 号的口袋，忽然咬牙切齿地说："糟了，这一次的失败可真丢人！"

请问，007 究竟捅出了什么娄子呢？

真相大白

子弹击中了缩影底片。敌方的间谍 9 号把缩影底片装在上衣左胸口的口袋里了。不巧的是，子弹刚好打中那里，把小小的缩影底片打了一个洞，让缩影底片变成了废物！

员外之死

　　张员外是万家镇有名的大财主，家财万贯，有良田千亩，奴仆数名。张员外为人厚道，对下人和蔼亲切，还经常施舍财物给穷人，在当地的口碑非常好。不过，从前的张员外可不是这样的，用当地人的话来说，那完全就是另外一个人。从前的张员外，脾气暴躁，喜怒无常，为人吝啬小气，瞧不起穷人，还经常打骂仆人。

　　是什么改变了张员外呢？事情还要从一年前说起。

　　一年前的某天，张员外和弟弟一起出城去办事。回来的途中，突然出现的一伙强盗拦住了他们的去路。张员外这次外出带回了两车货物，归来的途中一直祈祷着平安到家，可不巧，还是遇到了强盗。强盗们一个个都拿着明晃晃的大刀，蒙着面，让人看不出真面目。

"把身上值钱的物件都拿出来，车留下，人可以走了。"一个身材壮硕的人站出来高声喝道，让人看上出像是领头的人。

张员外哆哆嗦嗦下了车，把腰弯得低低的，手里捧着几个钱袋，谦卑地对强盗说："各位英雄，我们出门没带多少钱，只有这么多了。希望你们大恩大德，放了我们吧！"

赶车的车夫早已经吓得跪坐在地上，而张员外的弟弟也一直没敢出声，只是跪在地上不停地嘟囔着阿弥陀佛。

强盗头子笑着接过银子，然后说："算你识相，走吧走吧。"

张员外一脸感激，然后，立刻拉起弟弟，招呼两个车夫，就要赶车走人。

强盗头子见他们想赶车走，大声喊道："慢

着，我说你们都是聋子吗？刚才我说钱和货都留下，只能人走，没听清吗？"

张员外僵着笑脸对强盗头子说："大英雄，您行行好，这货对我们很重要，其实放您手里根本不值几个钱，等我回到家，一定给您送钱来！"说完，

张员外还拽了拽旁边的弟弟，示意他也说两句，向强盗求求情。可是弟弟只知道念经，完全不理会他。张员外虽然生气却不能发作，憋得脸通红。

"你当我傻呀，还等你们回去再送钱来。甭管这货值不值钱，今儿个我就要定了，你们要货还是要命，自己看着办吧！"

强盗急了，看样子，如果张员外不答应，很可能就会杀了他们。就在这时，一大伙官兵像是天兵降临般，从周围的草丛和树林里蹿了出来。不到一会儿工夫，强盗们已经被制服。

张员外的弟弟看着官兵，喃喃道："阿弥陀佛，真是神仙显灵了！"而被吓得不轻的张员外也像弟弟一样，直念阿弥陀佛，感谢老天爷。

原来是某个官员经过此地时，发现一帮强盗正在抢劫，所以就冲了过来。

张员外不停地感谢官员。回去的路上，弟弟对张员外说："哥哥，以后还是多多与人为善吧，俗话说恶有恶报，善有善报。像是今天的抢劫，说不准就是上天的惩罚啊。要不是我一直念经，求神拜佛，可能还没有人能来救我们呢！"

要是平时听到这番话，张员外肯定会讽刺弟弟胡说八道。不过经过今天这场生死劫，张员外反而安静了许多。他用诚恳的语气对弟弟说："弟弟，以后我也和你一样吃斋念佛吧！赎赎我过去犯的错，做一个善人。"

也就是从那时候起，张员外开始做善事，并且每天都会去自家的佛堂念经。一段时间下来，家里人甚至觉得张员外比弟弟都要虔诚了。

最近几天，张员外在佛堂里念经的时间比以往长了许多，弟弟在旁边一直夸赞哥哥的虔诚。

这天，张员外把家里的老老少少、大小仆人全都招呼到了大厅里，然后对他们宣布说自己要进入佛堂净化心灵，要10天的时间。这些天他不会出来，家里的大小事务会全都交给弟弟管理。交代完所有事务后，张员外就让下人准备好10天的食物送进佛堂里，之后就走了进去。

时间很快就过去了，可是到第 10 天的时候，张员外并没有出来。员外夫人很着急，想进去看看。员外弟弟阻止道："嫂子别着急，也许哥哥还没有完成佛业，这样贸然闯进去，会对佛不敬的。也许明天他就会出来了，我们还是再等等吧。"

第二天，家里人又来到佛堂门前等待，可是等了半天，依旧没有等到人出来。员外夫人再也等不下去了，她不顾员外弟弟的阻拦，冲了进去。紧接着，传来一声尖叫。

"啊！"

听到尖叫声，其他人也都冲了进去，结果，大家看见员外硬挺挺地卧在躺椅上。管家走到员外身旁看了看，说："员外身上没有伤，难道是饿死的？"

员外夫人哭着说："食物还都在，他怎么会饿死呢？"夫人觉得员外的死很蹊跷，于是找来了县太爷。

县太爷很快就赶到了，他仔细地查看了现场，发现门窗都是在里面锁上的，并没有被人打开过的痕迹。唯一一个出口就是房子上方的天窗，可是天窗很小，根本不可能有人从那里钻进来。之后他还检查了员外带进来的食物，也没有发现毒物。难道是自杀？

员外夫人立马反驳说："不可能，老爷一直在念佛，他说自己离真正的佛道还差很远，要

智慧百宝箱

恐高的症状有哪些?

恐高的基本症状就是眩晕、恶心、食欲不振。眩晕会使身体失去平衡,这时站在高处的人就变得非常危险了。

不断努力下去,怎么可能会自杀呢?"

县太爷走到员外躺过的躺椅处看了看,突然发现躺椅的四个腿下面有移过的痕迹。他又抬头看了看房子上方,发现躺椅的位置正对着天窗。

接着,县太爷转过头问员外夫人:"夫人,员外是不是怕高?"

夫人点头说:"嗯,是的,老爷站在高处就会头晕,一动不敢动。"

县太爷点点头,然后让管家把所有人都叫来。等所有人都聚齐后,县太爷吩咐手下,一一查看每

个人的手。当看到员外弟弟的手时，县太爷严肃起来，他指着员外弟弟手中的伤痕，对他说："你就是凶手，还不赶快招认！"

弟弟看着自己手中的伤痕，只能低下头，承认是自己害了哥哥。因为他想争夺家产，所以产生了歹念。

你知道县太爷是怎样通过员外弟弟手中的伤痕，而判定是他害了张员外的吗？

真相大白

弟弟趁员外熟睡时，爬到天窗上，用带着钩子的绳子把躺椅吊了起来。员外恐高，不敢动，最后就饿死了。而在拉躺椅的过程中，弟弟的手被勒伤了。

花蕊中的珍珠

　　斯迪安是个名画收藏家，家里的名画有很多，随便拿出来一幅就能卖个好价钱。最近，斯迪安一直想找个时间出去旅游一下，可是碍于繁忙的工作，一直没有找到合适的时间。正好斯迪安有一位朋友要过生日，想在家办个生日 party，邀请斯迪安去参加，并带上太太和孩子。可是斯迪安的这个朋友与斯迪安不在

同一个城市里，他住在华盛顿，斯迪安如果去的话，就需要提前一天去，然后在那儿过夜。斯迪安觉得正好可以借这个机会和家人出去放松一下。于是，全家人开车去了华盛顿。

当斯迪安参加完生日聚会，第二天回到家的时候，发现家里的窗户居然是开着的。可他明明记得走的时候嘱咐太太关紧窗户的啊，斯迪安不安地打开门，发现屋里一片狼藉。他一个箭步冲到自己的收藏室，结果发现丢了好几幅画，斯迪安如遭晴天霹雳，气得浑身发抖。

后面跟着进来的斯迪安太太也被吓了一跳。不过，随后，她冷静下来，报了警。

西格尔警官不久之后就赶到了斯迪安的家，他和斯迪安是旧识，所以他知道这些画对于斯迪安来说有着多么重大的意义。西格尔问斯迪安说：

"伙计，你先冷静一下，我会尽快破案，帮你找回那些画的。现在，你需要告诉我除了那些画，还丢了什么东西。"

"除了我的画以外，我太太的一些首饰也丢了，一副金手镯和一串珍珠项链。"

西格尔没再问什么，接着四处检查了一下，没有发现什么，甚至连个指纹都没有留下，显然这是个盗窃老手。

西格尔在斯迪安家检查过一番之后，来到周围邻居家进行询问，希望可以得到点线索。斯迪安家对面的罗莱女士对警察说，今天早上她看见修理店

智慧百宝箱

郁金香花语：

黄郁金香——高雅、珍贵、财富、友谊、无望的恋情；红郁金香——热爱、爱惜、幸福、友谊、我爱你；紫郁金香——高贵的爱、无尽的爱、忠贞的爱；双色郁金香——美丽的你、喜相逢；羽毛郁金香——情意绵绵；白郁金香——失去的爱。

老板的儿子西蒙来过斯迪安的家，她以为斯迪安家有人，所以没有多想。"我只是无意中看到西蒙进了斯迪安的家，至于干了什么，什么时候离开的，我没有注意。警官，你是知道的，我们不会随随便便就怀疑一个人是贼的。"罗莱女士说的确实没错。斯迪安的邻居老凯瑞先生也提供了一条线索，他说昨天晚上他从朋友家喝完酒回来，看见杂货铺的伙计托马斯从斯迪安家走了出来。他说："我知道斯迪安一家这两天不在家，所以我还奇怪托马斯去斯迪安家干什么呢。"

西格尔警官紧接着找到了西蒙和托马斯，两个人都不否认去过斯迪安家，时间与罗莱女士和老凯瑞说的也都一样。但没有什么有力证据能证明他们中的谁是盗窃犯。西格尔再次赶去斯迪安的家，当他路过花坛的时候，看见花坛里种着郁金香，而在一朵郁金香的花蕊中，西格尔发现了一颗珍珠。西格尔拿着这颗珍珠问斯迪安是否认识，斯迪安说这就是丢失的那串珍珠项链上的珍珠。西格尔笑着对斯迪安说："我知道你的画在哪里了？西蒙就是那个盗窃犯。"

西格尔警官为什么确定西蒙就是偷斯迪安家东西的盗窃犯呢？

真相大白

因为郁金香开花需要光照，晚上是不会开花的，珍珠能够掉进花蕊中，一定是在白天掉进去的，所以说是西蒙。

丢钱案

一天，王智凯在路上遇到了两个人，他们正在争辩，其中一个人说：

"我捡到了一个钱包，里面大概有 1000 元钱，我拿回家给了母亲。母亲说：'这么多钱，如果这个丢钱的人急着用钱，说不准会有什

么意外的事情发生，快去守在那里等着把钱给人家。'于是我就到那里等候，结果真的遇到一个人来这儿找钱包，然后我就把钱包给了他，可他却说：'我的钱包里应该是 2000 元钱，你是不是私藏了 1000 元？'他这是要借此讹诈我呀！"

王智凯问丢钱包的人："你丢的钱包里真的是 2000 元钱吗？"那人说："是！"王智凯说："那么，办法就有了！"他说出这个办法以后，过路围观的人无不拍手叫好。

请问：王智凯的办法是什么？

真相大白

王智凯对捡到钱包的人说："他丢的是 2000 元钱，与你捡到的不相符。这是另一个人丢的。现在这个人不来，你就先拿上钱吧！"然后又对丢钱包的人说："你丢的是 2000 元钱，一会儿可能会有别人送来，你还是在这儿等吧！"

平安无事的热咖啡

　　丁宁是一位服装设计师，虽然年仅29岁，但已经成绩斐然。她设计的具有青春气息的女装，曾一度登上某国际杂志的封面，一时间在服装界名声大振，令许多人羡慕不已。

　　这几天，丁宁被派去参加巴黎时装展，她是带着自己的作品去的，目的就是将自己的设计推向国际。

　　到达巴黎后，丁宁住进了一个服务一流的星级宾馆里。丁宁一进入自己的房间就赶紧放下行李，想先洗个热水澡，因为坐飞机坐得她有点疲乏。但是之后她还不能直接躺下睡觉，因为她还有任务。她对自己设计中的某一处不是很满意，并且一直没有想到该怎么改，坐飞机的时候她就一直在想，结果途中她找到了解决的办法，所以她打算到宾馆以后再改。她在进去洗澡之前先把电脑打开了，并给前台打了电话，订了一杯热咖啡，希望半个小时后可以直接送到她的房间。

丁宁大概洗了半个小时后，门响了，丁宁心想："这里的服务果然很到位，服务生很准时，半小时就把热咖啡送到了。"丁宁边想边穿上浴袍，这时她突然听见外面"哐当"一声。丁宁赶紧穿好浴袍走出来，想看看究竟发生了什么。她看到在自己的房间内，服务生昏倒在地上，自己的电脑明显有被人动过的痕迹，而她的设计全部不见了。马上就要参加展览了，居然出了这种事，着急的丁宁赶紧报了警。警察弗曼和手下马上就赶到了，弗曼检查了一下丁宁的房间，看到床头桌子上的咖啡还在冒着热气，这时晕倒的服务生也渐渐醒了。他告诉弗曼和丁宁：

"我刚推开门，还来不及站稳，就被一个人打昏了，所以之后发生了什么我也不知道。"

"先生，你确定是在刚一进门就被人打晕的吗？"弗曼问道。

"是啊，我刚推开门，后面就有人打了我的脑袋。"服务生很大声地说。

"这杯热咖啡是你送来的吗？"

智慧百宝箱

日常饮用的咖啡是咖啡豆配合各种不同的烹煮器具制作出来的，适量饮用咖啡不但可以提神醒脑，还可以促进新陈代谢，缓解便秘，预防胆结石等。

"是啊，我就是给丁宁小姐送热咖啡的时候，被人打昏的。"

"先生，不要再演戏了，说说你这么做的目的是什么吧？"

"你凭什么诬陷我，我只是一个来送热咖啡的服务生。"

"因为……"

警察的话让这名服务生不得不承认自己撒了谎，并如实交代了作案过程。警察是根据什么判断这名服务生撒了谎呢？

真相大白

他说他一进门就被打晕了，可是桌上的热咖啡却平安无事，显然他撒了谎。他先把热咖啡放到桌子上，然后偷走丁宁的设计，最后假装被人打晕。

保龄球馆杀人事件

一天晚上，经常在保龄球馆打保龄球的王老板在球场被杀了。

这天从早晨起大雪就一直下个不停，没有别人来过保龄球馆，王老板连秘书也没有带，独自冒着大雪来此娱乐。晚上，突然从馆内传出爆炸声，保龄球馆的工作人员吃惊地跑来一看，发现王老板躺在地上已经死了。从现场看，似

乎是小型炸弹似的东西发生了爆炸，死者被炸得血肉模糊。

然而奇怪的是，现场什么也没有，而且没有罪犯的踪迹。保龄球馆四周墙壁都很高，并且有顶棚，所以想从外面扔炸弹进来是不可能的，更奇怪的是，保龄球也不知去向。

请问，罪犯究竟是怎样杀人的？

真相大白

凶器是保龄球。罪犯在球中放了定时炸弹。

消失的邮票

　　警官摩西发的朋友奥夫是一位集邮爱好者，他把大部分时间和金钱都花在了集邮上。摩西发经常和奥夫开玩笑："你把钱都用在买邮票上，可能哪天你就只能饿着肚子，看着邮票来充饥了！"而奥夫则会用骄傲的语气回答说："不用担心，我的朋友，如果哪天我没钱了，只要把我珍贵系列里的某张邮票拍卖掉，就够我吃一辈子的了！"虽然奥夫这样说，但是每次当他窘迫时，也没见他卖掉一张邮票，可见他对邮票的珍惜。

　　一天，摩西发正在上班，突然接到了奥夫的电话，他焦急地说："摩西发，快来帮帮我！我丢了最重要的东西。哦，上帝，我该怎么办啊！"摩西发安抚着电话那头的奥夫："别着急，慢慢说，告诉我究竟发生了什么？"

奥夫带着哭腔回答说："我最最珍贵的一张邮票丢了，就是上次我和你说价值50万的那张，可能是被偷走了。"

"在哪里丢的？"

"就在我的家里，而且还是在我的眼皮底下不见的。"

摩西发说："好，我这就赶过去。"奥夫说的那张邮票，摩西发见过，听说价值50多万。如果真是被偷走了，可以算是情节严重的盗窃案。摩西发叫上手下，一起去往奥夫家。

摩西发很快就来到了奥夫家，奥夫见朋友来了，好像见到了救星般，一脸希冀的表情。摩西发问："你是什么时候才知道邮票不见的？"

"就是我给你打电话前不久。今天我请了三个集邮协会的朋友来家里做客，他们说想看看我搜集的邮票，于是我就拿出来，展示了一番。送走他们后，我就去收拾邮票，结果发现那张最珍贵的不见了，而且怎么找都没有找到，我不知道是不是被别人给偷走了，然后我就给你打了电话。"

摩西发听后点点头，看来最有嫌疑的，就是那三个集邮协会的人。所以，他决定找那几个人一一询问。

第一个人叫爱尔，他刚刚进入协会两个月。听说奥夫最珍贵的邮票丢了，一脸惊讶。摩西发拿出搜查证，想要搜查他的家。爱尔很配和，答应了要求。最后，警察并没有在爱尔家找到那张邮票。

于是，摩西发和手下又来到了第二个人家里，瑞基的家。瑞基搜集邮票已经五年多了，可以说他对邮票的热爱程度和奥夫不相上下。瑞基家里虽然没有太多的物品，只有一套沙发、一台电视和几把椅子，但是因为那些挂满墙壁的邮票，还是给人很拥挤的感觉。摩西发说明来意，瑞基很爽快地就答应了，让他们随意搜查。

摩西发和手下检查了一番，并没有找到什么。看来，瑞基也没有偷邮票。就在摩西发决定离开时，他突然发现了一个细节。现在是四月天，天气可以说是很凉爽，可是在瑞基家里却一直开着

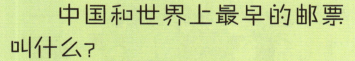

智慧百宝箱

中国和世界上最早的邮票叫什么？

中国最早的邮票是清朝的大龙邮票，世界上最早的邮票是黑便士邮票。

风扇。摩西发看了看瑞基,好像他也不是很热的样子。

摩西发向风扇走去,他发现瑞基的眼神忽然紧张起来,并且紧紧地盯着摩西发,很怕他看到什么似的。

等摩西发走到风扇前,他突然明白了,偷邮票的人就是瑞基,并且,摩西发也知道了他把邮票藏在了哪里。

你知道邮票在哪里吗?

真相大白

邮票藏在风扇的叶片上,当风扇转起来时,人们就看不到有东西在上面。

蚕丝睡衣

早上王山警长刚来到办公室，就接到了报警电话：住在滨湖小区的赵敏小姐在家中被人杀害了。王山和警员们很快就赶到了现场。

智慧百宝箱

什么是蚕丝？

蚕丝是熟蚕结茧时所分泌的丝液凝固而成的连续长纤维，也称天然丝，是一种天然纤维。人类利用最早的动物纤维之一。

　　王山在现场发现，地上的血水快干了，看来被害者已经死去多时。赵敏穿着一件蚕丝半透明睡衣趴在地上，手上握着玻璃碎片，背后插着一把匕首，尸体旁边还有一些碎玻璃和橙色水印，经鉴定是玻璃杯的碎片和果汁。屋内的各种摆设完好无损，没有打斗和乱翻的迹象，不像是抢劫杀人。如果不是入室抢劫杀人，那就有可能是熟人作案，或许是为了报复而痛下杀手。

　　法医告诉王山，赵敏的死亡时间大约是在昨晚的7点半到9点之间，匕首上没有指纹。王山想，杀完人后还记得擦掉自己留下的痕迹，凶手应该很谨慎。

　　这时，一名警员喊王山："头儿，有线索。"警员站在走廊里，拿着一个本子。

　　王山一听有线索，赶忙走过去。"头儿，这是从楼下管理员那里要来的登记册，昨天晚上7点半到9点之间，一共有3个人来找过赵敏。第一个人叫徐然，他在7点半左右的时候来找赵敏。

听楼下管理员说，徐然是赵敏的男朋友。第二个人叫赵彤，8点来找赵敏，她是赵敏同父异母的妹妹，听说两人关系不是很好，赵彤经常来这里和赵敏吵架。第三个人叫孙宇，是小区的水管维修工人，他大约是在8点半的时候来过。"

王山听后，立即让手下把这三个人带到了局里。王山先审问了水管工人孙宇，问他昨天晚上去找赵敏的经过。

孙宇说："昨天下午5点钟的时候，我接到赵敏小姐的电话。说她家的自来水

管坏了，要我去修一下。"

王山问："那你为什么那么晚才去呢？"

"赵敏小姐说她要7点半才下班，所以让我8点钟去。8点的时候，另外一家住户打来电话说家里的水管喷水，我想这一家比较着急，所以就先去了喷水的那家。等我修好之后，已经快8点半了，然后我就赶紧去赵敏小姐家。结果等我到那儿，敲了半天门也没有人来开，之后我就回家了。"

王山让手下去查证了一下孙宇所说的事情，结果证明，孙宇没有撒谎。所以，王山让孙宇在口供上签了字后，就放走了。

接着王山又审问了赵敏的妹妹——赵彤。

赵彤说："我是在8点多的时候去找她的。我们的爸爸一年前去世了，爸爸去世的时候，我正在别的城市念书，等我赶回来的时候，赵敏已经把丧事处理好了，而且还把所有的遗产霸占了。我和妈妈一分钱都没有拿到，所以我经常去找她理论，昨天晚上也是为了遗产的事才去找她的。到那儿后，我按了半天的门铃，门一直没开。我知道她看到我不会开门，所以我一直按门铃，使劲儿敲门，想把她叫出来。过了十多分钟，里面一点动静也没有，我想可能她真的没在家，所以我就回家了。谁想到她是被人杀害了。"说完，赵彤流下了眼泪。

即使在平时是怒目相对的姐妹，这种时候，也难免会为对方伤心难过。王山拿出纸巾，递给赵彤，赵彤伸出戴着半透明手套的右手接过纸巾，说了一声谢谢。

王山随意问了一句："你的手套在哪里买的，样式很新颖！"

赵彤擦擦眼泪说："哦，这是新出的防晒手套，我是一名摄影师，经常拿着相机在外工作，所以很怕晒伤。"

王山点点头，然后又问赵彤："你认识徐然吗?"

"认识，但不是很熟，他是赵敏的男朋友。不过听说赵敏不喜欢他了，想和他分手。"说到这儿，赵彤一下瞪大眼睛看着王山："我听说，昨天晚上徐然也去赵敏家了，难道是因为分手的事，徐然杀了赵敏？"

王山说："还没有证据证明是这样的，我们还要审问徐然，做进一步调查才能下结论。"随后，王山审问了徐然。

"听说赵敏和你正在闹分手？"

徐然满脸悲伤，点了点头说："是的，赵敏说她喜欢上别人了，要跟我分手，昨天晚上我就是去她家求她不要和我分手的。要是我不走就好了，那样她也不会被人杀害。"说完，徐然大哭起来。

王山让徐然平静一下，然后接着问道："你去的时候，赵敏穿着什么衣服？"

"穿着睡衣，那时她刚洗完澡。"

"你是什么时间离开的？"

"差不多快8点的时候。"

王山点点头，然后让他在口供上签字。徐然拿起笔签字，这时，王山发现徐然的右手是用纱布包着的。等徐然签好字，王山又问他："你的手怎么了？"

徐然看着手说："哦，没什么，是昨天不小心划伤的。"

划伤？王山忽然想到了赵敏手中的玻璃片。然后他又把整个事件想了一遍。

"警官，我可以走了吗？"徐然问道。

王山笑着说："我看，你走不了了，好好交代一下，你是怎么杀了赵敏的吧！"

王山把自己想到的证据跟徐然说了一遍，然后又进行了严厉的审讯，最后徐然承认是自己杀了赵敏。因为他怕赵敏和自己分手，所以一气之下杀了她。

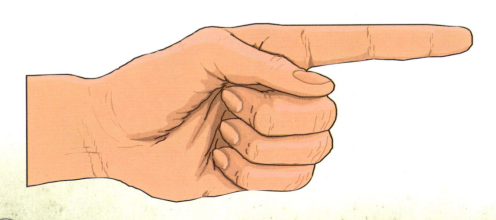

你知道王山是怎么判断出徐然是凶手的吗？

真相大白

　　赵敏穿着半透明的蚕丝睡衣给人开门，来人一定是她的熟人，排除孙宇。赵敏手中握着玻璃碎片，而徐然的手正好划伤了，说明他是凶手。

证据是飞机

　　某空军训练基地的基地主任在一天中午被人杀死在屋里。因为这一天是星期日，基地的工作人员基本上都不在，整座单身宿舍楼只有包括主任在内的 3 个人，另两个是地勤甲和地勤乙。

保卫处长来到地勤乙那儿，问："今天中午你在哪儿？"

"我在看电视。"

"你听到主任房里有什么可疑的动静吗？"

"没有，一点儿也没有。因为电视里有我喜欢的节目，我看得很入迷，并且那时正好有架巡逻机很讨厌地在楼顶上盘旋。"

"你说谎，罪犯就是你！"保卫处长一下子识破了他。

请问，保卫处长的根据是什么？

真相大白

他说自己在屋里看电视，有飞机在上面盘旋，那么，由于电波干扰，图像会闪动，所以可以判断地勤乙说的是假话。

双重罪名

　　琼斯和雷德是朋友，与其说他们是朋友，不如说是赌友。两个人都特别好赌，他们就是在赌场上认识的。有一次，他们同在一个赌场里赌钱，两人因为手气好，都赢了点钱，最后就说一起去喝酒。从此，他们便经常在赢钱之后一起去喝酒。

　　这几年，他们赌得越来越大，妻子都和他们离了婚，两个单身男人，整天游手好闲，除了赌场就是酒吧。渐渐地，唯一的一点积蓄也赌没了，两个人的境地几乎和乞丐没什么两样。琼斯是个没什么志气的人，沦落到今天这样的地步，他也不求什么了，只求能有人赏他一口饭吃。可是，雷德却不这样想，他不甘心过这样的窘迫日子，更加无法忍受自己像个乞丐一样生活，不能喝酒，不能赌。他一心想要改变现状，可他又不想付出什么劳动。于是，他想找个"捷径"。

也许上天真的是"眷顾"雷德。一天，十分饥饿的雷德正在街上闲逛时猛然发现自己家附近有一家银行，每天晚上四点半，运钞车都会准时来把银行里的钱取走。雷德灵机一动，马上找到琼斯，把这个"好消息"告诉了他。虽然琼斯有点担心，觉得雷德这是在铤而走险，但是如果雷德真的靠这个过上了好日子，自己岂不是后悔莫及。于是，他便答应了雷德，两人一起干。

他们做了很多准备。有两把枪、两个防水袋、还偷了一辆崭新的摩托车，以备逃跑时用，另外，还有蒙脸布。做好所有准备后，他们决定今天晚上就行动。

下午4点左右，他们开始在银行周围活动，4点半的时候，雷德看到了"希望"，那辆运钞车如期而至。待钱被取出来之后，他们迅速蒙好面，拿着枪，冲过去，抢了钱，然后骑上摩托车跑了。运钞车被抢不是一件小事，算得上是一起性质极其恶劣的事件。接到消息的警察立马出动追赶逃犯。琼斯和雷德骑着摩托车，跌跌撞撞地闯进了一个庄园里，里面没有人，看来主人不在，琼斯想赶紧躲进屋，可是雷德却说：

"你傻吗？警察一定会追到这里的，如果我们这样躲进屋里，最后一定会全部被抓，而我们岂不是白费工夫了。"

"那我们该怎么办啊？"

在这种危急的时刻，琼斯没了主意。

"这样吧，在咱们刚才进来的时候，我看到这个庄园有个鱼塘，你把钱都放到防水袋里，然后你背着这些钱藏到水里。"

"那我岂不是会被淹死？"琼斯害怕地问道。

"放心吧，你背着钱藏到水下，我给你一根长长的管子，你含着一头，另一头通到水面上，这

智慧百宝箱

　　我国刑事案件立案追诉标准，是指公安机关、人民检察院发现犯罪事实或者犯罪嫌疑人，或者公安机关、人民检察院、人民法院对于报案、控告、举报和自首的材料，以及自诉人起诉的材料，按照各自的管辖范围进行审查后，决定是否作为刑事案件进行侦查起诉或者审判所依赖的标准。

样你就能呼吸了，无论多长时间都不会被淹死。"雷德自信地说。

"管子不会被警察看到吗?"琼斯十分担心自己的性命。

"放心吧，我会找一根适当的管子，不会被警察发现的。"

"好吧，雷德，等警察走了以后你一定要赶快把我捞上来。"琼斯还是有点不放心。

"哎呀，这是当然的了，要不我们怎么平分钱呢?"雷德有些不耐烦了。

琼斯觉得雷德说的确实有道理，便放心了，并且还觉得雷德真够朋友，这种时候还想着他。平静下来的琼斯转而又担心起雷德来:"但是，雷德你怎么办呢?"

"一会儿，我会乔装打扮一下，装成这家庄园的主人把他们骗走，不用担心我。"

商议完之后，雷德就帮琼斯下到了水中，可雷德却没有装成庄园主人，而是躲到了园子里的酒窖中。警察来到园子，利用警犬，先找到了水下的琼斯，可是琼斯已经死了。几分钟后，警犬又找到了藏在酒窖中的雷德，于是自作聪明的雷德也落网了。警察以抢劫和故意杀人的双重罪名逮捕了雷德。

警察为什么以双重罪名逮捕雷德呢？

真相大白

雷德找来的管子口径小，还很长，这样的管子会造成琼斯缺氧而死，这样，雷德就可以独吞这些钱，所以雷德有抢劫和故意杀人的双重罪名。

整容后的大盗

一个臭名昭著的银行大盗，为了躲避警方的追捕，到国外做了整形手术，改变了自己的容貌和指纹。

医生将他十指尖上的表皮割掉，再以他侧腹的表皮移植上去。光这项手术就花了六万美元。与此同时，医生又给他重整了容貌，这样一来，他便不怕掌握有他容貌及指纹的警方了。

他准备返回国内重操旧业。

可就在他回到国内第一次作案时，立即被警方逮捕了。令他百思不得其解的是警方居然能认出他，可是他的手术做得很成功啊！

那么，警方究竟是怎么认出他的？

真相大白

根据他留在现场的指纹。手指上的指纹除非受了相当严重的创伤，否则只要伤势恢复，它就又会恢复原状。

深井里的尸体

寂静的午夜时分，一口深井旁出现了两个身影，一个身材高大，看上去十分壮硕，肩上扛着一个大袋子；另一个身型弱小，紧挨着大个子。

"我们这么做能不能行啊？"身型弱小的人小声问道。

大个子一边放下袋子，一边说："就算有人发现，也不会知道是我们干的。"说完，只见大个子从袋子里抬出一个人来。那个人一动不动，看上去好像是死人。大个子让身型弱小的那个人帮自己把人抬起来，然后他们把人扔进了井里。

"喔喔喔……"公鸡响亮的打鸣声伴随着升起的太阳，告诉村里的人们该起来劳作了。村里人吃过早饭，都纷纷走出家门，走向田地。途中路过一户人家，村民们都毫不意外地看见一个妇人静静地站在大门口，向远处望着。

"李家媳妇，小李子还没回来呀?"一个扛着锄头的老人家问道。

李家媳妇摇摇头，满脸思念。"别着急，没准儿明天就回来了!"老人家安慰道。

小李子出门办事已经7天了，一直没有回来，连个消息也没有。李家媳妇每天都会在家门口等，谁见了都会问一声小李子回没回来。其实，大家只

是没有说出口，可是，心里都明白，也许是出事了。

这天早上，李家媳妇依旧在大门口等着。这时，突然，村里的人都向村子西边跑去。李家媳妇赶忙抓住一个人问发生了什么事。那个人说："村西头的井里发现了一具尸体，已经有人去找县太爷了。"李家媳妇一听，脸上突然间没了血色。

她揪着那人的衣服说："不会是我家李子吧，他一直没回来……"

那人扶住李家媳妇，安慰说："应该不会那

智慧百宝箱

水井的出现对人类文明的发展有什么意义？

水井出现之前，人类逐水而居，只能生活于有地表水或泉的地方。水井的发明使人类活动范围扩大。中国是世界上开发利用地下水最早的国家之一。

么巧，要不你和我一起去看看？"李家媳妇点点头，跟着向村西头跑去。

等到他们跑到村西头的时候，那里已经围了很多人。李家媳妇扒开人群，脚步错乱地跑向井边。她趴在井边向下看去，突然大哭起来："我的李子啊，你怎么死了呢，我还等你回家呢！"

大家一听，惊讶不已，原来是一直没回家的小李子。李家媳妇哭了一阵，忽然止住了眼泪，接着便站起身来，要往井下跳，嘴里还念叨着要和小李子一起去死。

大家赶忙拉住李家媳妇，纷纷劝说。

就在这时，县太爷到了。他看见坐在井边的李家媳妇，上前问道："李家媳妇，井里的人是你家小李子吗？"

李家媳妇边哭边说："禀告大人，是我们家小李子，不知道是谁害了他，大人要为小人做主啊！"

县太爷又问："会不会是小李子想不开自杀的呢？"

村里的人说道："大人，小李子和李家媳妇一直很恩爱，应该不是那种会自杀的人，一定是谁把他推进了井里的呀！"

县太爷走到井边，向下望去，看了看井里漂浮着的尸体。接着，他叫来几个村里人，让他们向下看，然后问道："你们看看，是不是小李子？"

那几个人看了半天，纷纷皱着眉说："井太深了，看不清楚，大人，要不捞上来再辨认吧！"

县太爷摆摆手，走到李家媳妇面前，大声说道："行了，别再装了，还是赶快交代你为什么要杀了自己的丈夫吧！"

李家媳妇一听，瞬间僵在了那里，连哭都忘了。其他人也很震惊，为什么县太爷说李家媳妇是凶手呢？大家纷纷向县太爷求情："大人，一定是您弄错了，李家媳妇怎么会杀了小李子呢，我们都没见他们吵过架。"

李家媳妇也哭着说："大人，我没杀他呀，我什么都不知道！"

县太爷走到井边，指了指井下，说出了自己的证据。听完后，李家媳妇满眼绝望，最后交代了自己的罪行。

原来，她背着丈夫，暗地里和村东头的孙强勾搭上了。一天，她和孙强见面时，被小李子抓到了。小李子一气之下要去告发他们，孙强在情急之下就把他勒死了。为了掩盖证据，当天深夜，他们把人扔进了村西头那口常年不用的深井里。

你知道县太爷所说的证据是什么吗？

真相大白

水井很深，大家都辨认不出尸体，只有李家媳妇一下子就看出来了，说明她早就知道井下的人是谁。

自首

一个醉酒的男子，走进派出所投案，他说："我刚才失手杀死了人。"

那男子说道："我和朋友酒后打赌，说可以用豆腐打伤人，他不相信，然后我就用豆腐把他打死了。"

警察不相信地说："你是喝多了吧，胡说八道。"

男子说："不是，真打死

了！不信，我带你们去看看。"

男子带着警察，来到一栋住所里，只见客厅里躺着一个头破血流的男子，地上是一块碎了的豆腐，地毯也湿了一大片。

警察被弄糊涂了，难道豆腐真可以把人打死吗？

真相大白

在北方，人们常吃一种冻豆腐，冻豆腐像石头一样硬，自然可以成为杀人的工具。

蜡烛油巧破案

"给我进来，我们到官府说个清楚，你这个无赖，借钱不还不说，现在居然还不承认借钱的事儿啦。"

孙知县一大早就听到外面吵吵闹闹的，便派人下

去探个究竟，手下报告说：

"是本城大财主马常德，状告一贫民欠债不还。"

"所告何人？"孙知县不紧不慢地问道。

"城西小油坊的主人周达。"手下如实回答。

孙知县收拾妥当之后，便来到了大堂，只见马常德还在大堂里吵吵嚷嚷的，惹得堂门外很多百姓来看热闹。而周达被马常德撕扯着襟领，口里一直喊着："你诬赖人，我借的钱早已经还给你了。"周达显然气得不轻。

只听小厮拖着长音说：

"大人到！"

堂下立马安静了下来，孙知县开口问道：

"堂下所跪何人？报上名来？来到知府衙门，所为何事？"

马常德抢先说道：

"大人，小人名叫马常德，是本城的一个财主，对待穷苦百姓，小人从不失救济之心。就在去年，天大旱，庄稼收成甚微，黄豆价格非常高，周达买黄豆出油周济不开，便向我借钱，我毫不犹豫地就借给了他。可他现在生意好了，居然不还钱，并且还不承认借过钱，说已经还我了，大人，借据在此，周达这个小人根本就没有还钱。"

"你就是周达，你有什么要说的吗？"孙知县指着堂下的周达问道。

周达老老实实地回答道："大人，周达正是小人，我去年确实向马常德借过钱，可是我确实已经还了。望大人明鉴！"

"马常德，把你的借据传上来！"孙知县命令道。

孙知县看着手里的两张借据，说道：

"怎么有两张？是一次立的吗？"

"回大人，周达分别于去年2月和7月两次向小人借钱，两次所借数目不同，这就是那两张借据，是分两次立的。"

孙知县看了看两张借据，确实分别是去年2月和7月立的。两个人一个说没还，有借据为证；一个说冤枉。孙知县一时也迷糊了，到底两人谁说的是真的呢？想不明白的孙知县只好先退堂，待调查之后，明日再审。

晚上，孙知县吃过晚饭后，便来到了书房，点上蜡烛，开始思索这件案子。他将两张借据并排放在桌子上，仔细端量着，左看右看就是看不出有什么破绽。这时，孙知县不小心碰倒了桌上的蜡烛，蜡烛油滴在了桌子上，有一滴正好滴在两张借据的拼接缝处，一半蜡烛油在这张纸上，一半蜡烛油在另一张纸上。蜡烛油瞬间就凝固了。孙知县拎起边缘带有半圆形蜡烛油的借据，观察起来。忽然，他发现这两张纸不是普通的纸，是贡川纸，这种纸的特点是纹路有粗有细，不是均匀分布的，在光线的照射下，非常明显。孙知县将两张纸并在一起，"哈哈!"他不禁开心地笑了，因为这个案子，他知道是怎么回事儿啦。

第二天，马常德和周达再一次来到大堂，听候孙知县的审判。马常德一副得意洋洋的样子，周达则显得有些畏缩，因为他知道马常德是有名的财主，说不定他已经买通了孙知县，最后判自己有罪，如果是那

智慧百宝箱

贡川纸，纸质像雪一样白，像玉一样洁净，而且这种纸很薄，像棉丝一样柔软。

样的话，他就是有千百张嘴也难辨了。

可是，周达却听到孙知县说："马常德，你身为本城财主，理应带领百姓致富，如今却坑骗起贫苦百姓来，该当何罪?"

马常德没想到是这样的结果，周达也出乎意料，但是孙知县下面的话让马常德彻底认了罪。马常德说："是有人在中间撺掇，说我前段时间家里着火就是周达干的，所以我就想找他报复。"

"撺掇你的人是何人?"

"是周达对门药店的老板。"马常德供认不讳。

"啊，原来是他，他看不惯我的生意好，一直在找我的麻烦。"周达好像也明白了过来。

孙知县按照规矩依法惩办了马常德和药店老板。

孙知县发现了什么证据，证明马常德说了谎呢？

真相大白

孙知县发现两张纸的纹路拼在一起，完全吻合，可见这是同一张纸被分成两半写的借据，并不是分两次写的。所以马常德说了谎。

生死一厘米

　　某晚，大盗甲把停在仓库前的货柜车悄悄开走。车上的大型货柜里装有大批贵重物品。当车行驶到一座天桥下时，却再也无法前进。原来货柜顶端高出天桥一厘米，被桥洞挡住了。

　　货柜是正方体的，所以即使能把它放倒，其高度仍然是一样的。

"唉！既然无法倒车回头，只好弃车逃命了！"

大盗有些灰心，但他忽然想到一个妙主意。在数分钟以后，货柜车竟然安然地穿过天桥，逃得无影无踪了。

他到底用什么方法穿过天桥的？

真相大白

把轮胎的气放出一些。这样就可以使货柜车的高度降低一厘米以上，从而轻易地穿过桥洞。

时间与金钱

　　这天，大河城出来一条公告。上面是这样写的："安全保险公司将在 5 月 5 号举行一场比赛，谁能在 30 分钟内把本公司的 3 种保险箱打开，就可以赢得 30 万元的奖金。

　　公告一出，诱人的奖金立即吸引了来自各方的撬锁"能人"。当然，既然厂方设立了这么高的奖金，难度也可想而知。其实，保险公司举办此次比赛的目的，是为了公开验证自己产品的质量。可见，他们对自己公司的产品还是很有信心的。

　　5 月 5 号很快就到了。安全保险公司把比赛场地设在公司一楼的大厅里。比赛当天，大厅里聚集了很多人，但大多是围观的群众，正式的参赛者只有 10

名。7点钟，随着口哨的吹响，比赛开始了。比赛规定：每人要开三个保险箱，而每个保险箱要在10分钟内打开。在每个保险箱旁，还放了一个沙漏，参赛者开始给每个保险箱开锁时，沙漏就开始计时了。沙漏旁边还放了一个煤油灯，用来增加亮度。场内很安静，只见每个参赛者都在认真地开着锁。

半小时很快就过去了，可是却没有一个参赛者把三个保险箱都打开，最厉害的也只是把其中的一个打开。看来，今天晚上的奖金没有人能拿走了。

观众们也觉得很可惜，等了半天，没有看到让人为之喝彩的结果。就在大家以为全都结束了的时候，安全保险公司的董事长讲话了："我知道大家一定觉得没有尽兴，所以我决定，现在如果谁想尝试开这三种保险箱，就可以站出来，只要他能在规定时间内打开，奖金就归他。"

人群里议论纷纷，有的人一副跃跃欲试的样子，但是纠结了半天也没站出来，可能看见之前的参赛选手的能力，对自己没有什么信心；有的人直接摇摇头，觉得不会有人能打开。董事长等了一会儿，见没有人出来，决定宣布比赛结束。就在这时，一个响亮的声音在人群中响起。

"我来试一试！"说着，一个人站到了场地中央。

董事长一看，这不是警署的约翰警长吗？难道他也会开锁？

"哦，约翰警长，您也来观看比赛了，欢迎，欢迎！只要您在规定时间内能打开锁，我们一定会全额奉上奖金。"董事长热情地和约翰说。

约翰笑着说："呵呵，我只是有这方面的业余爱好，所以想出来试一试，如果能赢得奖金那就最好不过了，我会把钱捐给福利院。"

大家纷纷为约翰鼓掌，不仅是为他的爱心，同时也是对他的鼓励。董事长示意约翰可以随时开始，约翰点了点头，走到保险箱前，计时开始了。

约翰从兜里拿出来一个听诊器，然后贴在保险箱的密码盘上，一边听，一边慢慢拨动着号码。时间在慢慢地流逝，一分钟、两分钟……在第7分钟的时候，第一个保险箱打开了。人群中发出一阵惊诧的声音，之后便又归于安静，因为约翰要开始第二个保险箱了。

约翰看了一眼旁边的沙漏，接着认真地开锁。短短6分钟，第二个保险箱也被打开了。这回，大家都热烈鼓掌，连董事长都用惊讶的眼神看着约翰。

约翰擦擦头上的汗，笑了笑，开始研究最后一个保险箱。约翰皱着眉，一直转动着密码锁，看上去最后的这个保险箱十分难开。沙漏里的沙已经减少了一半，看来时间不多了。约翰直起身，平静了几秒钟，接着又认真地开起锁来。

当沙漏全部流完的时候，约翰还是没有把保险箱打开。董事长走到约翰旁边，拍了拍他的肩膀，笑着说："约翰警长，虽然最后一个保险箱没有打开，但是你已经很棒了。"

约翰没有答话，还在认真地开锁。大约两分钟后，第三个保险箱也被打开了。

约翰看着打开的保险箱，自言自语道："这三种保险箱的区别不是很大，明明只要把之前的手法稍加改动就能打开。可是怎么会慢这么多呢?"约翰思考了一阵，突然，在无意间他看到了沙漏旁边的煤油灯。约翰摸了摸沙漏，发现沙漏上面有一定的温度。然后他又看了一下自己的手表。

原来是这样！约翰笑着对董事长说："董事长，差点被你们的沙漏给糊弄过去。我记得我开锁的时间，开第三个保险箱的时间应该是 9 分钟，所以，我赢了！"随后，约翰讲出了自己的理由。

董事长听后哈哈大笑："哈哈，约翰警长果然聪明！好，既然我们把话说出去了，就一定会照办，30万奖金归您了！"

你知道董事长用了什么手段，让大家以为约翰超过时间了吗？

真相大白

煤油灯散发的热量传递给沙漏，沙漏遇热膨胀，沙子流的速度加快，因此沙子在比实际时间短的情况下流完了。

冒牌日本人

　　某天上午，宾馆门卫小刘负责检查参加中日技术交流代表会的代表们的证件。这时，一位打扮入时的日本女郎要进入会场。

小刘客气地用汉语说："小姐，请出示证件。"女郎不懂。小刘又用日语问，女郎用日语回答："门卫先生，由于太匆忙，我忘了带证件，下次一定注意。"小刘同意她进入会场。

女郎高兴地向小刘点

点头，说："谢谢!"然后进入了宾馆。这时小刘忽然恍然大悟，忙把女郎叫住，并将她送到保卫科，经审查这位女宾客果然是冒充日宾的女贼，你知道为什么吗？

真相大白

日本人的礼节应该是鞠躬礼，而这位小姐却点点头，这不符合日本人的习惯，因此这个讲日语的外宾是个冒牌货。

地理之谜

　　科尔是一个穷小子，他是加拿大人，住在加拿大的一个近郊区。因为父母都是穷人，没有钱供他读书，所以科尔在十四岁的时候便外出打工赚钱了。科尔今年已经十七岁了，在一个药厂工作，所谓的工作也只是打杂，毕竟他年龄小，没有念过几年书。但是在上学的那几年，他的地理课学得真是不错。

　　科尔是一个非常机灵，也很聪明的孩子，老板很喜欢他。

　　一天，科尔收拾完杂物，时间已经很晚了，药厂里几乎没什么人了。于是，科尔准备回家睡觉。这时，他发现老板办公室的门没有锁，虚掩着，科尔以为老板忘了锁门，便想过去把门锁上。可是，当他走到门口时，却看见办公室里有人，背对着他的是老板，而老板对面的人是个不认识的大胡子男人，大胡子男人的长相让科尔有点害怕。可是随后科尔听到的一席对话才是令他最害怕的。

"我的药厂里有几个年轻的小毛孩子，如果你想要的话，可以把他们都带走，以此抵消我们之间的债务。但是要做得干净，不要引起这些孩子的家长

智慧百宝箱

水漩涡现象是指抽水马桶或者被放掉的洗澡水流入下水道时，水流都会产生一个漩涡流下排水孔。在北半球，水流漩涡是朝顺时针方向旋转的；而在南半球，则是逆时针旋转的，这种现象是由于地球自转的缘故。

和警方的怀疑。"科尔的老板说道。大胡子听到这些话坏坏地笑着。

"好啊，这个主意不错，目前澳大利亚和美国很需要这样的男孩子。"

科尔听完这些话，怕被发现，便匆匆回了家。本已经很疲乏的科尔一直在想老板话里的意思，一时间睡意全无。想了一会儿，科尔决定放水泡个澡。科尔在浴缸里泡了很久，起来后，心事重重地看着被放掉的水，水呈旋涡状自左向右地流进下水道。虽然科尔始终感觉不太好，但不能做什么的他，只好安慰自己说："科尔，你一定是想多了，老板不会做什么的。"

第二天，科尔像往常一样到药厂上班。中午老板说这个月的效益很好，作为奖励，每个人一碗焖肉。科尔刚吃完不久，就打起了瞌睡。当科尔醒来的时候，他被眼前的一幕惊呆了。这是一处陌生的环境，既不是他工作的地方，也不是家，还有几个一起在药厂打工的同龄人在这里，只是他们还没醒过来。科尔环顾了一下四周，发现这是一个大房间，环境看起来还不错，有电视、卫生间、冰箱，冰箱里塞满了吃的，只有门是锁着的。科尔突然想起了老板那天晚上说的话，显然他们是被老板卖了。当科尔熟悉完环境之后，那几个男孩儿也陆续醒了过来，其中，有比科尔小的，刚刚十四五岁，见自己在不认识的地方，竟哇哇大哭起来。科尔冷静下来，虽然，他不知道买他们的人要干什么，但总不会有好事，这是科尔可以确定的。于是他想："必须想办法尽快出去，或者通知外面的人进来救他们。"

就在科尔思索的时候，一个年纪较小的男孩无意中碰到了电视的遥控器，打开的电视里正在播放国际新闻：

"加拿大某城镇的一个药厂里，有7名男孩于两天前神秘失踪，警方两日来极力搜寻，但没有获得任何有价值的线索，目前已与国际警方取得了联系，望知情者能及时与警方联系。"

科尔知道新闻里的7名神秘失踪的男孩儿就是他们，另外他还注意到国际新闻频道并不是自己国家的频道。想到这儿，科尔立时惊出了一身冷汗。他想，也许，他们被卖到了国外，随后又想起大胡子提到的"澳大利亚"和"美国"，他知道他们一定是被卖到了这两个国家的其中一个，可是到底是哪一个呢？

想了一整天的科尔有点累了，幸好这里可以洗澡。于是，他决定先泡个澡，然后再继续想办法。大概1个小时后，科尔从浴缸里出来，拔掉塞子，看着洗澡水呈螺旋式流向下水道。这时，科尔注意到水是自右向左流的，他忽然想到自己在家中洗澡的画面。顿时，科尔就明白他现在在哪儿了。

你知道科尔现在在哪个国家吗，根据什么判断的？

真相大白

澳大利亚。加拿大在北半球，水是自左向右流入下水道；南半球国家，水会自右向左流入下水道。所以他判断他们在澳大利亚。

巧断方向

一天，云南省的几名探险队员到亚热带深山老林里探险。途中，其中一名队员因肚子疼，走着走着便掉了队。

很久之后，他才发觉迷路了，而他所带的指南针、地图、望远镜等东西都让他的队友帮他拿走了。他的四周都是一些高大的树木、低矮的灌木丛和被砍伐后所剩的树根。此时，天

空阴沉沉的，根本无法判断太阳的位置。

但他知道队伍是一直向南走的，所以只要搞清哪边是南就好办了。随后，经验丰富的队员马上用一种方法弄清了方向。

你知道他用的是什么方法吗？

真相大白

树根的年轮间隔是不一样的。树根的南侧由于经常得到阳光的照射，树木生长较快，纹理间隔相应较疏；反之较密。根据这一自然现象，队员便能准确地判断方向。

错乱的刀痕

今天是星期日，警长帕森难得休息一天。于是，他带着妻子和女儿一起来到公园，享受全家相聚的美好时光。正当帕森和女儿玩儿得高兴的时候，他的手机响了。

"你好！我是帕森。"

"警长，杂货铺的老板约翰被杀了，您需要马上回来。"是助理打来的电话。

帕森看着满脸笑容的女儿，然后用歉意的眼神看妻子。善解人意的妻子给帕森整理一下领带，然后对他说："工作紧急，你去吧！我陪女儿玩。"

帕森亲了亲女儿，一边打电话，一边向自己的车走去。

帕森来到案发现场，看到了躺在地上的约翰。约翰的死状很恐怖，整个人被一把匕首钉在地板上，能够看出凶手的手段非常残忍。除了约翰胸口的那把刀，在其他部位也有大大小小的伤痕，应该是和凶手搏斗时留下的。帕森观察了一下整个杂货铺，很多地方，如墙上、柜子上、桌子上，等等，都有被刀子划过的痕迹。同时，在约翰身旁，还有另一把刀。警员已经对这把刀进行了调查，上面没有任何指纹，看来是被擦掉了。

到底是谁杀害了约翰呢？

帕森对约翰的妻子进行了询问，问她约翰有没有什么仇人。妻子说约翰并没有与谁结过仇怨，平时对人都是和和善善的。

帕森说："请您看一看，家里的钱财物品有没有少。"

约翰的妻子检查收银盒子的同时，各个柜子也都查看了一遍，然后对警察说没有少钱。

帕森指着保险柜说："那里您看了吗？"

约翰的妻子说："我看了一下，保险柜的门是锁着的，应该没有丢。"帕森听后，还是让她打开保险柜门检查一下。

约翰的妻子点点头，走到柜子前，打开抽屉取钥匙。她直接去拉第二个抽屉，好像没有；之后又打开第三个，还是没有；最后她打开第一个，才拿出了钥匙。妻子喃喃自语道："真奇怪，平时都放在第二个抽屉里的。"说完，约翰的妻子打开了保险柜的门，查看之后说："里面的钱确实没有少。"帕森想："看来不是因为谋财而杀人。"

最后，帕森把有作案时间和有嫌疑的几个人带了过来，对他们进行了审问。

一个是杂货店的伙计迈克，一个是约翰的邻居里斯先生，还有一个是莫尔太太。迈克曾经因为工资太低，与约翰发生过争吵；里斯先生则是因为栅栏的问题与约翰起过冲突；而莫尔太太本身就是个爱说闲话的人，所以与约翰吵过架。几个人都说自己没有杀人。况且，在别人看来，这些小小的矛盾，也不足以让谁产生杀人的念头。

案子又陷入了僵局，警察只能继续寻找着线索。

帕森在杂货店内来回走着，看着墙上、柜子上留下的刀痕，大脑不断地思考着。这时，他突然想起了约翰妻子的话。抽屉，为什么钥匙所在的抽屉位置变了呢？帕森觉得他离真相越来越近了，并且他有一种直觉，只要弄清楚那个抽屉，他应该就能知道凶手是谁了。

想到这儿，帕森赶忙走到柜子前，把抽屉全都

智慧百宝箱

匕首的种类有哪些？

匕首、石匕首、小剑、叉子、短剑、插子、羊角匕首、百辟匕首、清刚、扬文、龙鳞、两刃匕首、徐氏匕首、徐夫人匕首、梅花匕、铜匕首、虞帝匕首。

拿了下来，然后重新安了上去。当他把最后一个抽屉安上时，帕森的脸上露出了胜利的笑容。

帕森让手下把里斯先生和莫尔太太都放了，最后只留下了伙计迈克。帕森对迈克说："迈克，你还不交代自己的罪行吗？"

迈克仰着头说："我没有犯罪，有什么好交代的。"

帕森笑了笑，说："看来只有让你看看证据，你才能老实承认了。"说完，帕森把迈克带到了柜子前，让他看那几个抽屉。

迈克看着抽屉，脸上的傲慢之色瞬间消失得无影无踪，最后承认了是自己杀害了老板约翰。

你知道帕森找到的证据是什么吗？

真相大白

抽屉上的刀痕就是证据，抽屉的顺序被凶手弄乱了，帕森把抽屉重新安好，上面是用刀划出的人名——迈克。

有一个村民状告县里的乡绅抢了他的布匹不还。乡绅说他没有抢，两人在公堂上各执一词，互不相让。

县令大概已经知道了事情的前因后果，但是没有证据，还不能给乡绅用刑，于是反复思索，最终想到

一计。

县令骂村民说："区区几匹布，能值多少钱？你还要来诬陷相公，还不快滚！再不滚，小心竹片夹臀。"

村民踌躇着出去以后，县令和乡绅叙了一会儿闲话，然后指着他胸前的银牙签说："能将此物借给我照着打一副吗？"乡绅欣然答应。

于是县令把牙签交给两个仆役，仆役便依县令设的密计去乡绅家取来了证据。

请问，县令设的密计是什么？

真相大白

两个仆役去乡绅家，对其家人说："由于这个村民态度倨傲，所以相公才留下布匹要挟他。刚才县令已重责村民，相公答应把布匹还给他，有银牙签为证。"家人便交出了布匹。

头上的证据

　　这几天，孙龙警官很是苦恼。因为小镇上连续发生了几起珠宝盗窃案，至今为止一点线索都没有。被盗者和上面的领导给他们施加了很大的压力，限孙龙他们在半个月内破案，尽快抓到盗贼。在孙龙看来，案子是极其难破的。因为从作案手法来看，盗贼明显是个惯犯，而从众多调查中得知，这个贼应该是两个月以来在菲律宾全国追捕的珠宝大盗——基德。

　　就在孙龙快要抓破脑袋的时候，有好消息传来。有目击者声称看到了偷珠宝的贼，根据目击者的描述，已经画出了盗贼的头像。听到这个消息，孙龙皱着的眉头一下舒展了不少。

　　"头儿，这就是那个盗贼的头像。" 手下把素描头

赢在最强大脑

像拿给孙龙看。

孙龙仔细地看了看头像，微笑着说："呵呵，有了盗贼的头像，案子就好办多了。"

很快，盗贼的头像通缉令就公布在了大街小巷里，孙龙知道这个珠宝大盗很狡猾，所以只有广撒网，通过群众的力量来进行搜捕。

在通缉令发布的第二天，一名妇女来举报说他见过此人。

"我见过这个人，就在我们楼上住。"妇女说。

孙龙问道："您是近期看见此人的吗？"

"是的，昨天我还看见了呢。不过，那个人的头发和通缉令上的人有一点点不同，我们楼上的那个人的头发是三七分的，没有胡子；而通缉令上的人是中分，留

着八字须。"妇女细致地描述着。

孙龙点了点头："嗯，谢谢您提供的情况，无论是不是盗贼，我们都要去调查一下。"

当天下午，孙龙和手下就来到了妇女所提供的那个人的住址。

"咚咚咚"，孙龙敲了敲门。

过了一会儿，有人过来开门了。开门的人果然像那名妇女说的，留着三七分的头发，脸上干干净净，没有胡子，与通缉令上的人确实有些差别。但

智慧百宝箱

菲律宾的地理及气候概况？

菲律宾大部分是由山地、高原和丘陵构成，北部属海洋性热带季风气候，南部属热带雨林气候，年平均气温27℃。

仔细看去，还是很相似。

"你好！这是珠宝大盗的通缉令，上面的这个人就是你吧！"孙龙没有拐弯抹角，而是直接说出来意。

那个人一脸惊讶，说："怎么可能？我怎么会是珠宝大盗？虽然我们看上去有些相似，但是还是有很大的区别呢。你看看，这个人中分，留着胡子，你再看看我的样子，哪里像了？麻烦你们弄清楚再下结论行不行？"

孙龙说："可是根据证人提供的证据，你和盗窃犯的脸都差不多黑。"

那个人辩驳道："我的脸黑，是因为每天我都会在阳台上进行日光浴。"

孙龙笑着说："这么说来，就算你有胡子也可以随时刮掉，发型更是可以随意变换了！"

"我的发型已经保持20多年不变了，随你们信不信。不过你们要是想逮捕我，就得先拿出证据，否则别想屈打成招！"

一时间，场面有些冷。孙龙手下的警员也不知道该不该逮捕此人，都在等孙龙的命令。

大约 1 分钟后，孙龙对那个人说："如果你真的不是珠宝大盗，那可不可以配合我做一件事，之后就能证明你的清白了！"

那个人开始还一脸犹豫之色，不过最后还是答应了。

孙龙把这个人带到了理发店，等到把那个人的头发都剃掉之后，他什么话也说不出来了，最终承认了自己就是珠宝大盗。

你知道孙龙是怎样通过剃头就证明那个人是珠宝大盗的吗？

真相大白

如果那个人是珠宝大盗，在炎热的菲律宾几个月，就会在那个人中分的头缝处留有太阳晒过的痕迹。

巧听话

某天，在一家旅馆里的电梯上，张女士遇见了正被警方通缉的鲍冯夫妇，他们与一次爆炸事件有牵连，在那次事件中有 3 人丧生。这对夫妇就住在张女士的隔壁。张女士想："如果我能弄清他们在说些什么就好了。她试图用耳朵贴着房间的墙壁听，但透过旅馆墙壁听到的声音很微弱，字句更是分辨不清。

突然，她有了灵感，她给

服务台打了个电话。半小时后，一个穿着得体的中年人，手里带着一个小提包来到了张女士的房间。张女士向他说明了自己的疑虑和打算，那人表示愿意合作。经过努力，他们听到这对夫妇正在商量如何赶上飞往阿根廷的飞机，以求逃脱被逮捕的危险。张女士马上给警方打了电话。最后，鲍冯夫妇被捉拿归案。

张女士叫来的是什么人？他们是怎样听到鲍冯夫妇说的话呢？

真相大白

张女士叫来的是一位医生。他把听诊器扣在墙上，听到了隔壁的声音。

巧妙的盗窃

孙浩是一家保镖公司的老板，手底下的员工并不多。因为公司刚刚成立不久，上门的生意应该不是很多，所以孙浩就暂时招了四五个员工。他们要么是特种兵出身，要么就是从小练过功夫的，孙浩觉得，用这些人做保镖最合适不过了。他想先靠这几个人把名声打响，等生意多起来以后，再扩大规模。然而，公司刚刚成立不久，找上门的生意居然比孙浩想象的要多，可以说完全出乎他的意料，因此他也赚了不少钱。

今天早上孙浩一到公司，就有个中年男人来找他，说想请保镖。

孙浩照例问道："先生，您可以先告诉我们您的个人信息吗?"

中年男人笑了笑说:"我想这个没有必要,我会先拿一半的押金给你,事成之后我会把另一部分再给你。怎么样,没问题吧?"

"先生既然不方便透漏身份,那我也就不追问了。那好吧,告诉我们你的要求吧。"孙浩理解地笑了笑。

中年男人拿出一张照片:"这是我的女儿,是一名大四的学生,美术专业。马上要毕业了,学校要求他们毕业前每个人必须单独完成一部作品。可是我的女儿最近总是收到一些匿名信和恐吓电话,这让她心神不宁,无法完成学业,所以她想去郊外写生。我知道是她的那些追求者干的,应该不会有什么危险。但是我女儿一个人去郊外写生，我还是不太放心。我要工作，不能陪她，所以想请贵公司的保镖保护我女儿。"

"那您女儿大概什么时间去写生?"

"明天。"

"好的，没问题先生。因为我们的员工目前手头上都有生意，所以您的女儿明天将由我做她的保镖。您看这样安排，满意吗?"

"可以，非常感谢孙老板。我女儿这两天就拜托你了。但是有一个条件，你保护我女儿的时候，不要离她太近，最好不让她知道，因为她不希望在画画的时候有人在她旁边，所以你只要暗地里保护她就可以。"

"好的，没问题。"

第二天，孙浩按照客户的要求来到女孩写生的郊外保护她，为了不让女孩发现，孙浩找了个隐蔽的地点藏了起来。女孩画了一天的画，有时会停下来休息一会儿，看上去不像是个忧郁的女孩，也不像他父亲说的那样心神不宁。一天很快就过去了，傍晚的时候，女孩向孙浩走过来：

"你在我身后看了我一天，能告诉我原因吗？"

被识破的孙浩只得实话实说："你的父亲很担心你一个人来郊外写生，怕出现安全问题，于是雇我来当你的保镖。"

"啊？这怎么可能？我爸爸在我小的时候就生病去世了。"

"什么？"孙浩也迷惑了。

"我今天来这里画画，是因为一个中年男人找到

智慧百宝箱

根据目前国内保镖行业的情况，从事保镖行业的人需要经过专业的保镖培训机构并进行系统性的学习，考核通过后由中国保镖协会授予证书，才可以就业。

我，说我只需要在这里画一天画，其他什么都不用做就会给我一笔钱。"

孙浩问女孩那个中年男人的外貌，而女孩描述的和孙浩见到的就是一个人。孙浩突然觉得大事不妙，马上开车飞奔回公司，果然不出所料，公司已被洗劫一空。

这是怎么一回事呢？

真相大白

中年男人雇女孩在郊外画画，然后雇孙浩去做保镖，这样他就在公司没有人的情况下去偷窃。

图书在版编目〔CIP〕数据

助你做个小神探／崔钟雷编著. -- 北京：知识出版社，2014.10
（赢在最强大脑）
ISBN 978-7-5015-8220-4

Ⅰ．①助…　Ⅱ．①崔…　Ⅲ．①智力游戏 – 青少年读物
Ⅳ．①G898.2

中国版本图书馆 CIP 数据核字(2014)第 217821 号

赢在最强大脑——助你做个小神探

出 版 人	姜钦云
责任编辑	周玄
装帧设计	稻草人工作室
出版发行	知识出版社
地　　址	北京市西城区阜成门北大街 17 号
邮　　编	100037
电　　话	010-88390659
印　　刷	北京一鑫印务有限责任公司
开　　本	889mm×1194mm　1/16
印　　张	8
字　　数	40 千字
版　　次	2014 年 10 月第 1 版
印　　次	2020 年 2 月第 3 次印刷
书　　号	ISBN 978-7-5015-8220-4
定　　价	28.00 元